I0492479

Cómo ganar dinero con una página de Internet con estrategias

Marco Antonio de Jesús Escobedo Palma

Dedicado a mi familia y amigos

Sobre el autor

Me llamo Marco Antonio de Jesús Escobedo Palma y soy egresado de la carrera de Licenciado En Comunicación y Periodismo de la Facultad de Estudios Superiores Aragón de la Universidad Nacional Autónoma de México (UNAM).

Me apasiona el crear portales de Internet.

Esta obra la hago basándome en años de ser administrador de portales de Internet.

El texto va enfocado a aquellos que no saben cómo ganar dinero con un portal web.

Capítulo 1

Conseguir

ingresos

Seguramente algún día te has preguntado ¿se puede hacer dinero con una página de Internet? Te tengo que decir que sí es posible tener ingresos con un portal, aunque ese dinero no es la cantidad de efectivo que te imaginaste mensualmente (de seguro millones de dólares mensuales) y cuesta mucho trabajo conseguirlo.

En años que estuve trabajando en un portal web de noticias, de varios que he estado, vi que es posible tener un ingreso regularmente con un sitio de Internet que por lo menos deje comprar uno que otro capricho y se mantenga activa la plataforma, pero ello cuesta mucho trabajo lograrlo.

El sitio que te digo es periodístico y tiene ya cierta popularidad en la web.

Te tengo que contar que yo era socio en ese medio y ganaba la mitad de lo que percibía el periódico digital por publicidad.

Al principio dicho medio ganaba "nada", pese a que estaba monetizado con Google Adsense (sistema de publicidad que paga por cada clic que den cibernautas en los anuncios que te brinda colocados en un portal).

La ganancia del sitio era de unos 2 mil pesos mexicanos cada 6 o 7 meses.

Así que decidí investigar más estrategias de monetización, tardándome días en encontrar otros tipos de monetización.

Primero, oí hablar de las afiliaciones, aquellos planes que te pagan por poner un banner en tu web que promociona algo y que te dan dinero por cada venta, registro, descarga… que se haga mediante el anuncio.

Investigué que algunas páginas ganaban cientos de dólares con esos planes mensualmente.

En Internet, puedes buscar planes de afiliados y te saldrán numerosos portales que pagan por cada venta, registro, descarga … que logres mediante un banner que ellos te facilitan para poner en tu portal.

Una de estas empresas es Sharesale (https://www.shareasale.com/info/), de quien hay muy buenas referencias en la web. También, está Mobidea (https://www.mobidea.com/), que-aseguran- es muy buena empresa para ser afiliado.

Pero este tipo de monetización no la quise aplicar en aquel proyecto, porque ya lo había probado en otro medio y no me dio los resultados que quería.

Así que decidí seguir buscando mientras la publicidad de Google daba al portal donde laboraba muy poco dinero.

Cabe señalar que en mi búsqueda de una buena monetización me di cuenta de que el diseño del portal de Internet donde trabajaba no era muy atractivo y decidí cambiarlo a uno mejor.

El sitio estaba hecho con WordPress y el diseño nuevo en realidad lo hizo parecer un medio importante.

Retomando mi búsqueda. Llegué a la página Publisuites (https://www.publisuites.com) y me pareció interesante lo que ahí ofrecían: debíamos redactar un post patrocinado

cada vez que lo requirieran y publicarlo
en la página de Internet en la que era
socio ganando mínimo 10 euros.

Así que mandé el sitio a que lo revisaran
en aquella compañía.

Luego de unos días, el portal fue aprobado por dicha empresa y ya figuraba entre las webs que hacían artículos patrocinados presentadas en el sitio dedicado a la publicidad.

Cabe señalar que el costo por post patrocinado que fijé era de 15 euros.

Luego de una semana de haber sido aprobada la página web donde laboraba, recibí el primer pedido de Publisuites.

Así que le dije a la persona encargada de redactar textos que lo elaborara.

Tras terminar el artículo la persona encargada, me lo envió por correo y luego yo lo mandé a Publisuites para que el cliente lo revisara, aprobándolo el comprador en tres días en esa página.

Con esa venta, ganó el portal en el que trabajaba más dinero que en una semana de lo que lograba ganar con la publicidad de Google.

Así, en promedio llegaba un pedido de Publisuites a la semana por esos días.

Luego de unas semanas decidí buscar

empresas que ofrecían lo mismo que https://www.publisuites.com, encontrando a Coobis (https://coobis.com/) , Unancor (https://www.unancor.com/) , Prensalink (https://prensalink.com/) y Getfluence (https://getfluence.com/).

Tras ello, di de alta el sitio en esas plataformas.

Luego de unas semanas de aquel acto, empecé a recibir pedidos de Unancor y Coobis (de Prensalink aún no), ganando mucho más dinero que con Google Adsense.

Capítulo 2

Redes sociales

Pero no me conformé con ello y empecé a mandar correos a empresas que tenían su correó electrónico en su página web ofreciéndoles redactar y publicar un post patrocinado sobre ellas en el medio que hacía.

Así, algunas de estas compañías contestaban y otras no.

Cabe indicar que los posts patrocinados los debes dar a un precio racional, de lo contrario te quedas sin pedidos. Yo aplico la regla: vender barato, para que se venda y se venda más.

Otra estrategia que apliqué es hacer dos grupos en Facebook, para ahí meter anuncios de que se hacían y publicaban artículos patrocinados en el medio y noticias del diario.

Habrá que indicar que esos grupos hicieron algo que no me esperaba: que el portal fuera más reconocido, lo que debía ayudar a atraer clientes y con ello dinero.

Tras unos meses de arduo trabajo, empezaron a llegar al correo electrónico de la página de Internet del medio donde era socio E-Mails de empresas que querían que les hiciéramos y publicáramos en el medio un post patrocinado o les diéramos informes sobre el costo por colocar banners en el sitio.

Incluso, llegaron a escribir empresas que se dedicaban a redactar textos patrocinados, quienes nomás querían que les publicáramos en la página que hacía los escritos que mandaran e iban a pagarnos por ello.

Así, pasó el tiempo y más empresas que redactaban artículos patrocinados nos fueron contactando. Pero la mayor parte de las compañías -me di cuenta- que nos contactaban eran por los anuncios que yo ponía en los dos grupos de Facebook.

Cabe señalar que incluso ambos grupos- me percaté- hicieron que aumentara la cantidad de dinero que nos daba la publicidad de Google.

Claro, también ponía anuncios en Twitter, Google+ (cuándo existía), LinkedIn, pero gracias a que se pueden medir las personas alcanzadas en FB supongo que fueron esos dos grupos en la red social de Mark Elliot Zuckerberg lo que mayormente atrajo a más clientes al sitio web y con ello efectivo.

Una estrategia más que implementé para atraer clientes y con ello dinero al portal fue buscar grupos especializados en SEO y patrocinios también en Facebook, para poner anuncios ahí de que se hacían y publicaban textos patrocinaos y se colocaban banners en el medio, por una suma de dinero.

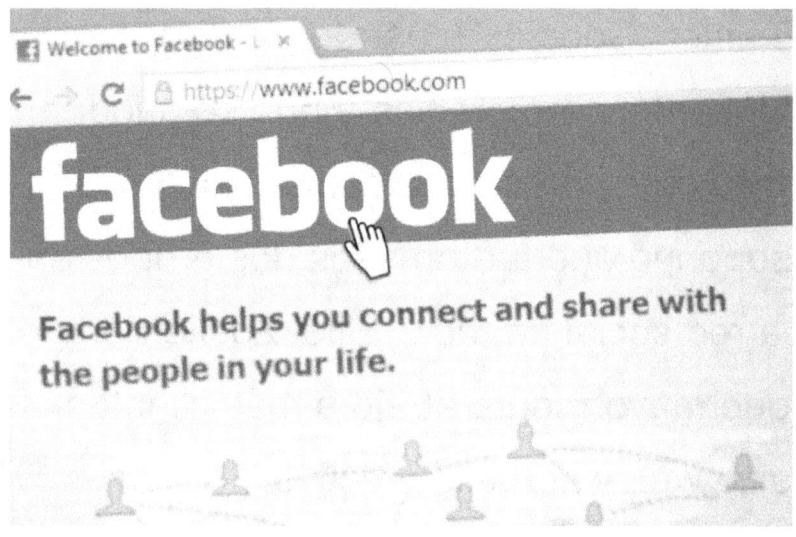

Como verás todo esto es un trabajo constante; uno no gana dinero de la noche a la mañana con una web.

He sabido de gente que ganó prácticamente nada con su proyecto de página web, por estar esperanzada a vender solamente espacios publicitarios a precios exorbitantes.

He visto a lo largo de mi vida cómo surgen sitios y desaparecen por no tener recursos siquiera para mantenerse online.

En el 2009, trabajé como redactor para un diario digital, el cual tenía sus oficinas en la Ciudad de México. Dicho portal tenía hasta su cabina para radio online.

Ya se imaginarán que tan costoso era hacer ese portal, el cual tenía además una corta edición impresa.

A los tres meses de haber entrado yo a laborar a ese medio, quebró la empresa y fuimos todos los integrantes de ella despedidos.

Yo, hoy, al usar para todos los portales que manejo la herramienta de métricas para páginas de Internet Google Analytics, creo que aquella empresa no tenía un buen volumen de visitas y por ende clientes y recursos.

Regresando a las estrategias. Hay portales que les va muy bien pidiendo donaciones.

Incluso, hay páginas de Internet que piden donaciones abiertamente por medio de un botón facilitado por la empresa para recibir dinero por web Paypal.

Y existen redes sociales, como Patreon
(https://www.patreon.com/), donde haces
un perfil para que las personas puedan
ver ciertas de tus publicaciones en esa
comunidad virtual a cambio de una cuota
mensual.

Yo he probado esa plataforma y no me ha dado los resultados que esperaba.

Al parecer, Patreon sólo funciona bien si el perfil del medio o persona son muy conocidos.

Navegando por aquella red social vi que hay personas y medios que ganan cientos de dólares mensuales en aquella comunidad virtual.

Tal vez tú puedas lograr ser uno de los afortunados que, al hacer un perfil de su web en la plataforma, obtengas financiamiento para tu proyecto web en la red social.

Una estrategia más que puedes implementar para ganar dinero es vender tus productos y/o servicios en tu web.

Hay muchos portales de Internet que ganan dinero vendiendo sus propios productos y/o servicios.

Si tu página de Internet es de venta de productos y/o servicios, te recomiendo que hagas una página de Facebook y una cuenta de Twitter mínimo, para que ahí promociones ellos.

Además, te aconsejo (esto es para cualquier tipo de sitio) que crees en FB grupos con algún tema que atraiga, para que te lleguen solicitudes de nuevos miembros y ahí publiques cosas referentes a tu portal.

Ello, hará que te lleguen clientes y con ello plata.

Otro consejo que te doy es que tu sitio tenga un apartado de contacto, para que clientes potenciales puedan establecer comunicación contigo.

Cabe señalar que tu web debe tener contenido de calidad para atraer clientes y con ello efectivo.

Como verás se pueden aplicar diversas estrategias para captar el interés de clientes por tu sitio web. Sólo es cuestión que te pongas las pilas y verás que sí se puede sacar dinero con tu sitio para pagar el dominio y el hosting de tu portal, además de darte uno que otro capricho.

Cosas extra

Una recomendación más que te doy, si aún no has hecho tu portal, es que tu sitio lo hagas con el administrador de contenidos WordPress.

Dicha aplicación tiene todo para montar una buena página de Internet, desde plantillas hermosas, hasta plugins (extensiones de aplicación) de todo tipo.

Asimismo, te aconsejo, si aún no tienes web, que adquieras mi obra *Cómo hacer una página de Internet: WordPress*, donde te enseño cómo crear un sitio web optimizado con ese administrador de contenido.

En ella te doy recomendaciones de pilón, como en esta obra, las cuales te resultarán interesantes.

Espero que este escrito te ayude a ganar dinero con un sitio web.

Gracias y hasta pronto.

www.ingramcontent.com/pod-product-compliance
Lightning Source LLC
Chambersburg PA
CBHW071124220526

45467CB00004B/2043